APROXIMACIONES

Ana Ahijado

COLECCIÓN ITES

APROXIMACIONES

© Ana Belén Martínez García (Ana Ahijado)
© de esta edición: Olé Libros, 2024

ISBN: 978-84-10053-92-2
Depósito legal: V-4328-2024
Impreso en España

KALOSINI, S. L.
Grupo editorial **olélibros**
equipo@olelibros.com
www.olelibros.com

A mis padres, por todo

Escribir es flotar en el vacío.
ROSA MONTERO

ATRAVESANDO VERSOS

¿QUÉ ES POESÍA?

¿Qué es poesía?
Solo palabras huecas al fondo de
un armario,
rumores que se alejan tras cristales
de lluvia, tras cristales
después de un accidente.
Tus pasos, eco sordo.
Tus labios cuando tiemblan
y me esperan.
Tus labios con los míos,
que son sonido fresco, que son
agua.
Tus labios y mis ganas.
Tus versos. Mi verdad.

FOGONAZOS

Esos fogonazos que queman
y mueren.
Esos instantes
en los que descubres la vida
de repente,
en los que te envuelve un olor, un sonido,
una caricia, el viento,
el sabor dulce o salado
de una boca,
de unos labios que te buscan y
te esperan.
Esos instantes,
esos suspiros sin memoria
que te atraviesan.
Esa luz,
ese milagro,
ese brillo perdido entre la niebla,
esa razón
sin razón.

LA PALABRA ORILLA

La palabra *orilla* es un poema.
Es un abismo, un puente, un adiós
sobre un barco,
un saludo del alba desde el final
del cielo,
el agua que te lava las heridas,
un verano que empieza,
una línea que cruzas y es casa,
una página que aún no está escrita,
una carta de amor,
una canción de cuna
y de sal.

ELIJA UN ADJETIVO

Nada me pone más (elija un adjetivo a su gusto)
que un verso
con la luz apagada.

YO SOY POETA

No he aprendido a decir *yo soy
poeta*.
Solo sé que *yo escribo*,
que *yo leo*,
que *yo anhelo* palabras que sean vida
y semilla,
que den luz.

Solo sé que *yo amo*,
que *yo sueño*
y que *dudo*, y *camino*
a ciegas casi siempre.
Que *yo deseo* y *escribo*
y *formulo* preguntas que más tarde
no entiendo.

Solo sé que *yo intento*
espantar
la oscuridad que me rodea.

FANTASMAS

Escribir es una forma
de enterrar a
mis fantasmas.
Una loca sepultura de frases
y de palabras,
de recuerdos y de anhelos.
Es llenar de flores secas
el vacío de tu ausencia.
Es rezarte, es invocarte,
es una forma de amar.

ATRAVESANDO EL INFIERNO

INFIERNO

He estado surcando el infierno.

Créeme, existe
y arranca de cuajo las velas del
barco.
Es un río largo
y es siempre de noche.
Nunca encuentras peces para alimentarte
y sus aguas, oscuras,
no quitan la sed.
Créeme, existe.
El viento no sopla, el mar no se encuentra
en el horizonte
y hace mucho frío.

Es un río largo.

Créeme, he estado surcando
el infierno.

DIJISTE QUE TE IBAS

Dijiste que te ibas.
Cerraste de un portazo y volaron
las palabras.
Dijiste que serías
ya libre para siempre,
que has encontrado el cielo
adonde dirigirte
y ya no queda sitio para mis manos
huecas.
Dijiste que creías
en los nuevos comienzos,
en las puertas que se abren
y todas esas cosas.
Y yo abracé tu ausencia.
Propuse otros lugares en los que refugiarme
y sentí que se volvían
inseguros los puentes, las paredes,
las piedras.
Después de un largo día amanecí
más alta, más morena
y mi voz
se encontró con su eco.
Dijiste que te irías. Y yo no me interpuse.
Cerraste de un portazo.
Y ahora lo hago yo.

CONTENCIÓN

Contener el lenguaje.
Contener el llanto y el grito que desde hace tiempo
te anuda el estómago.

Contener las ganas.
Contenerlo todo.

Dejar que la sangre se solidifique.
Dejar que el aire se convierta
en tu enemigo.

Ver el vaso muy lleno, a rebosar
de angustia.
Ver el vaso muy lleno, ver que el aire
no llega.
Ver que el grito no sale...

Ver la sangre que empuja, que rebosa
y que no se contiene.

CASA

No he sabido ser casa.

No he sabido ser cueva, ni cuna,
ni abrigo.
Lo silvestre me invade.
Y las hierbas, las hojas, las raíces
me trepan
y se escapan de mí
desde dentro hasta el cielo.
Y me llena una selva infecunda
y salvaje.
Y ya no queda espacio.

No he podido ser casa.

APROXIMACIONES

INSTANTE

Yo soy esto,
solo un instante
del
universo.

MI PERFIL

No conozco mi perfil.
Ya sabes:
mi loca manía de dar rodeos,
de buscar todas las cuestas,
de sentir que lo difícil se desgrana
ante mis pasos,
de buscar lo inalcanzable.
Apenas veo mi reflejo junto a los
retrovisores.
No conozco mi mirada cuando mira
al horizonte, cuando busca
otra mirada
perdida.

ME ACUERDO DE LA LUZ

Era por la mañana.
Me acuerdo de la luz,
me acuerdo de las sábanas y de que sonreías
sin motivo aparente.
No existía la prisa y pudimos besarnos
durante mucho tiempo.
Pudimos detener la historia unos minutos,
sentirnos inmortales
y navegar al margen del dolor, de la muerte
que sabemos que espera,
que sabemos que aguarda nuestro turno
o el suyo.
Me acuerdo de la luz
porque lo inundó todo,
porque supo alcanzar rincones muy pequeños.
Era por la mañana
y sentí el despertar del mundo
entre mis manos.
Me acuerdo de la luz, me acuerdo
de tus besos.
Recuerdo que pensé: «Estabas escondida...».
Y fue solo un segundo, pero
en aquel instante
nos vimos cara a cara.

UNA NIÑA ASUSTADA

Me pregunto si algún día dejaré de sentirme
una niña asustada.
Si alguien llegará hasta mí
y verá una montaña que ascender,
un río bravo
o la luna.
Si yo misma seré capaz de reconocer
mis arrugas,
de abrazar mis canas,
de seguir mis pasos cansados.
Me pregunto
constantemente, obstinadamente,
quién soy ahora,
cómo he llegado hasta aquí,
qué significa la palabra *vida*.

SÉ QUE EXISTE

Sé que existe
porque te he visto mirarla,
atrapar su nariz entre tus dedos
suavemente,
revolver su pelo ya revuelto
y sonreír apenas.
Sé que existe
porque buscas flores
cada día del año,
porque buscas su mano como sustento,
como aire,
como nido y como nicho,
a ciegas.
Porque el resto es tierra pasada,
es agua muerta.

Sé que existe
porque la he visto mirarte.

Mariposa

Cae una mariposa y yo
la recojo.
La veo trastabillar,
la veo
caer despacio primero, como dudando,
y finalmente dejar
sus alas, su alma, su vida
sobre el suelo, bajo el cielo.
La veo
y sé que ya se ha acabado
pero que algo nuevo empieza:
que nacerán otras alas,
otros colores,
otras ganas de volar.
La recojo y sé
que el próximo vuelo
quizá
llegará más alto.

QUIERO UN ÁRBOL

Quiero un árbol que sea mío,
mío y del viento.
Quiero que hunda sus raíces
bajo mi casa,
bajo mi cama.
Quiero que sus ramas cubran
mi tejado,
que con sus hojas proteja
las noches vacías de sueños
y que su tronco resista (por mí)
el futuro,
las ausencias
y el invierno.

OLVIDAR

Quiero olvidarme de todo.

Cerrar los ojos y empezar
por el principio.

Por el momento en que una caracola
surgió del mar.

Por el momento en el que alguien
buscó un sonido para decir su nombre.

Por la primera noche
y los primeros rayos.

Por el primer vuelo de una mariposa.

Quiero descansar.

SEREMOS LOS REYES

Algún día nosotros seremos los reyes.
Bailaremos desnudos sobre
cristales rotos
y la sangre brotará teñida de azul
y de plata.

Algún día seremos reyes
y le pediremos a la luna
que se esconda a nuestro paso,
que sea discreta, que cierre
la noche con sus estrellas
para estar solo nosotros,
solo a oscuras,
solo solos.

Algún día seremos reyes
y las coronas de oro
se fundirán con la tierra y brotarán
amapolas.
Y la noche, las estrellas,
la sangre de plata azul,
la luna y las amapolas
dejarán que nuestros hijos renazcan,
se multipliquen,
den flores
y sigan bailando.

SER YO

No puedo ser yo todo el tiempo.

Por eso escribo versos,
por eso busco sin tregua
respuestas entre palabras
como quien busca a un familiar perdido
entre los escombros.

Las preguntas me asaltan en mitad
de la noche
o mientras veo la tele
o cuando nos besamos
y siento que tus manos conectan
varios mundos.

No puedo ser yo siempre.

Por eso busco y busco
la forma de esconderme,
la cueva que me abrigue y me permita,
por unos minutos,
desaparecer.

ESOS OTROS MUNDOS

Pertenezco a esos mundos
a los que otros escapan de vez en cuando.

A las aguas del mar y a sus tormentas,
a los campos plagados de caballos con alas
y al fuego incombustible de las chimeneas.

Pertenezco a la carretera siempre dispuesta
a ser recorrida,
a los caminos y sus bifurcaciones,
a las cuevas que esconden secretos
y a la torre más alta del castillo más alto.

Pertenezco al dragón, a la madrastra
y a las pociones mágicas que derrotan
al mal.

Pertenezco a los sueños y a la página
en blanco.

Y colorín colorado.

MARGEN

¿Cuál es mi margen?
Déjame que emborrone la cuadrícula,
que te rompa y que
me rompa.
Los límites son confusos, y mis ojos
no saben distinguir
nuestro horizonte.

MUY PEQUEÑITA

La luz entraba así, muy pequeñita.
Casi todo era sombra
y en la pared brotaban esos puntos
que lograban entrar por la persiana.
Entre aquellos lunares de sol y
de esperanza
yo temía por la vida, yo lloraba
por la muerte futura, por el dolor
supuesto,
por la ausencia, tu ausencia,
que ya en aquel entonces
sabía intolerable.
Y rezaba a mi forma,
pensaba en mil promesas que sabían
a conjuro:
estar juntos por siempre,
por favor,
levantar la persiana y encontrarte
a mi lado, *por favor,*
salir de la cama,
por favor,
y que nada haya cambiado.

DESANDANDO EL CAMINO

REGRESA EL ABUELO

Regresa el abuelo de la tumba abierta.
Sale tras sus pasos,
va dejando flores cubiertas de sangre
seca,
socavones
y en la tierra grietas hasta
el inframundo.

Busca su legado, sus días de lucha
soñando caminos que ya se han perdido.
Rebusca en la tierra
lágrimas antiguas y sus frutos
nuevos.

No encuentra, no entiende.
Sabe que ha pasado ya cerca
de un siglo.
Sabe que eran muchos los que, desde abajo,
cavaron, sangraron, huyeron,
mataron
por un mundo nuevo.

Sabe que está solo.
Las calles, vacías,
le gritan que vuelva,
que se dé la vuelta,
que cierre la tapa y olvide sus sueños.
Que olvide quién fue y por quién
luchaba.
Que olvide el pasado.
Que descanse en paz.

LA TUMBA

Hoy me he sentado enfrente de tu tumba
y no podía mirarla.
He aprendido a observar a tus vecinos,
las flores que les dejan
y el vuelo de los pájaros que por allí
transitan.
Y me he sentido sola.
He pensado en tu voz y ya no me acordaba.
Sé que el tiempo es veneno
y el reloj un verdugo
vestido de cordero.
He dejado que pasen muchas horas.
Otro día que vuelva
intentaré mirarte. Intentaré decirte
que te he echado de menos.
Que ya nos queda poco
para volver a vernos
y para escuchar, juntos,
los cantos tristes de los que nos recuerdan
al otro lado.

La belleza

La belleza iba dentro de nosotros.
El espejo nos devolvía un cuarto desordenado y
las cortinas, hechas jirones, ondeaban
contra el viento.
Había ropa tirada por todas partes.
Creíste que nunca dejaríamos atrás
aquel hule de plástico, aquellas sillas baratas
y el sillón prestado.
Y sí, todo quedó atrás...
También nosotros
y nuestra belleza rabiosa, rugiendo desde dentro
de nuestros corazones recién estrenados.

CIRCUNSTANCIAS DE IDA Y VUELTA

DEJA QUE SUS GRITOS VUELEN

Deja que sus voces sangren,
deja que sus gritos vuelen.

Tienen las manos abiertas,
suplicantes,
y el pecho lleno de flores, de trenzas y
de palomas.

Deja que construyan puentes,
deja que construyan muros:
muros altos, infinitos,
muros de escarcha y de sombra,
muros de viento y de sol.

Deja que hagan una hoguera con los sueños imposibles.

(El futuro tiene nombre
de mujer).

Siempre

Desconfía
SIEMPRE
de quien te ofrezca
una bandera
como
        respuesta.

ESCRIBE, HIJA, ESCRIBE

Escribe, hija, escribe:
que tus palabras sean como un puchero
lleno de sopa para toda la semana.
El líquido es libre, incontenible, caliente,
alimenta y serena,
y las tardes de invierno son cada vez
más largas.
Escribe, hija, escribe:
nadie sabrá nunca que tras tus manos
están las mías,
que están las manos de tu abuelo
(que supo sostener el tiempo)
enseñando a leer a tu abuela
(que hizo el primer puchero caliente y
libre).
Escribe, hija, escribe:
las tardes de invierno son cada vez
más largas
y hacen falta palabras que cuenten
nuestra verdad.

ÍNDICE

Atravesando versos 9
¿Qué es poesía? 11
Fogonazos 12
La palabra orilla 13
Elija un adjetivo 14
Yo soy poeta 15
Fantasmas 16

Atravesando el infierno 17
Infierno 19
Dijiste que te ibas 20
Contención 21
Casa 22

Aproximaciones 23
Instante 25
Mi perfil 26
Me acuerdo de la luz 27
Una niña asustada 28
Sé que existe 29
Mariposa 30
Quiero un árbol 31
Olvidar 32

Seremos los reyes 33
Ser yo 34
Esos otros mundos 35
Margen 36
Muy pequeñita 37

Desandando el camino 39
Regresa el abuelo 41
La tumba 42
La belleza 43

Circunstancias de ida y vuelta 45
Deja que sus gritos vuelen 47
Siempre 48
Escribe, hija, escribe 49